Gott segne Dich

*Ein Gebetbuch für Lokführer
und andere Eisenbahner*

AF130231

Ich bin Lokführerin.

Dieses Buch widme ich besonders den Kollegen, die durch ein Gespräch, einen Satz oder eine Geste ihren Glauben mit mir geteilt haben.

Wer mag, kann mir gerne ein E-Mail schicken: Hilke.Paulsen@web.de

Hilke Paulsen

Gott segne Dich

Ein Gebetbuch für Lokführer
und andere Eisenbahner

Bibliografische Information der Deutschen Nationalbibliothek:
Die Deutsche Nationalbibliothek verzeichnet diese
Publikation in der Deutschen Nationalbibliografie; detaillierte
bibliografische Daten sind im Internet über http://dnb.dnb.de
abrufbar.

Satz, Umschlaggestaltung, Herstellung und Verlag: BoD –
Books on Demand, Norderstedt

ISBN: 978-3-7357-3529-4

Inhalt

Morgengebet eines Lokführers

Herr,
beschütze mich
und steh mir bei –
was immer auch kommen mag.
Beschütze mich
und segne mich,
begleite mich durch den Tag.
Sei Du mir nahe,
egal, was auch geschieht –
beschütze mich
und segne mich,
begleite mich durch den Tag.

Gebet bei Dienstbeginn

Ach Herr,
ich bin doch nur ein Lokführer –
ein Mann,
der Tag für Tag
nur einfach seine Arbeit macht.
Ich möchte ja nicht mehr
als jeden Tag
gesund und gut ans Ziel zu kommen.
Du kennst ja die Gefahren,
die mein Beruf mit sich bringt,
Du weißt ja,
wie leichtsinnig die Leute oft sind.
Ich bitte Dich:
Beschütze mich auch heute
und hilf mir,
meinen Dienst zu tun.
Begleite mich auf meinen Fahrten
und lass mich auch heute
gesund und gut nach Hause kommen.

Vor Fahrtbeginn

Herr,
Du kennst die Last der Verantwortung,
die auf meinen Schultern liegt.
Es tut gut,
zu wissen,
dass Du bei mir bist,
egal,
was auch geschieht.
Auf allen meinen Fahrten begleitest Du mich
und lässt mich Deine Nähe spüren.
Ich bitte Dich:
Stehe mir auch auf dieser Fahrt zur Seite
und lass mich auch diesmal
gut ans Ziel gelangen.

Gebet eines Lokführers

Lieber Gott,
beschütze mich auch auf dieser Fahrt
und halte Unheil und Gefahren von mir fern.
Bewahre mich auch heute vor Unaufmerksamkeit
und gib mir eine sichere Hand.
Lass mich die richtigen Entscheidungen treffen
und lass mich spüren,
dass Du bei mir bist.
Hilf mir, meine Arbeit zu tun,
und lass mich sicher und gut ans Ziel gelangen.

Frühdienst

Guten Morgen, lieber Gott!
Alle anderen schlafen noch,
nur ich sitze hier,
bin noch ganz müde –
na ja, es ist ja erst vier.
Ich bin noch gar nicht richtig munter,
also führe Du mich
und lass mich keine Fehler machen.
Beschütze mich in der Dunkelheit
und führe mich gut durch den Tag.
Wenn die Sonne dann aufgeht –
das mag ich so gern,
es ist einfach schön,
es immer wieder zu sehen.
Na ja, vielleicht ist das einer der Vorteile,
die der Frühdienst hat.
Dann fahre ich mal los –
pass gut auf mich auf!

Gedanken zum Tag

Lieber Gott,
schon wieder ruft die Arbeit.
Ich weiß noch nicht,
was der Tag heute bringt.
Meistens läuft es ja ganz gut,
aber manchmal gibt es eben auch Probleme.
Doch am meisten Angst habe ich davor,
es könnte ein Unfall geschehen –
das wäre wirklich schlimm …
Verspätungen und Störungen –
die sind dagegen ja harmlos,
auch wenn so etwas ärgerlich ist.
Jeder Tag ist anders
und manchmal voller Überraschungen,
gerade das liebe ich ja an meinem Beruf.
Ja, jetzt sitze ich hier
und denke ein wenig nach,
was für ein Tag wohl vor mir liegt.
Ich lege ihn vertrauensvoll in Deine Hände,
mit allem,
was er bringt.
Pass bitte auch heute gut auf mich auf
und hilf mir,
meine Arbeit zu tun.

Segensgebet

Herr,
ich bitte Dich um Deinen Segen
für mich
und alle Kollegen,
denen ich heute begegne.
Beschütze uns alle
vor Unfällen und Gefahren
und lass uns gut ans Ziel gelangen.
Begleite uns auf unseren Fahrten
und lass uns spüren,
dass Du bei uns bist.

Gemeinschaftsgebet

Lieber Gott,
wir alle bitten Dich
um Deinen Segen,
Schutz
und Beistand
für den heutigen Tag.
Bewahre uns alle
vor Unfällen
und Gefahren
und führe uns gut durch den Tag.
Wir bitten Dich:
Begleite uns alle
auf unseren Fahrten.
Hilf,
dass wir alle
wieder gut nach Hause kommen.

Ein ganz normaler Tag

Gutes Wetter,
gute Sicht auf die Signale,
kein Gleiten oder Schleudern
und ein Zug,
der keine Störungen hat.
Alles läuft nach Plan,
auch mal Zeit,
Pausen zu machen,
ein heißer Kaffee,
ein kurzes Gespräch mit einem Kollegen,
ein freundlicher Gruß vom Fahrdienstleiter.
Ein ganz normaler Tag.
Ich danke Dir,
mein Gott.
Denn so ist es nicht immer …

Mein Begleiter

Lieber Gott,
ich weiß,
Du bist bei mir.
Ich weiß,
Du begleitest mich
auf allen meinen Fahrten.
Und ganz egal,
was auch passiert
und wenn es auch Probleme gibt –
Du bist einfach da!
Und ganz egal,
ob am Tag
oder in der Nacht –
Du bist immer da
und begleitest mich auf allen meinen Fahrten.
Danke!

Fahrt durch die Nacht

Herr,
Du bist bei mir –
hier in meinem Führerstand.
Du begleitest mich auf meinem Weg durch die Nacht
und lässt mich Deine Nähe spüren.
Ich sehe die Lichter der Signale
und bei jedem Kilometer weiß ich:
Du bist bei mir
und beschützt mich
auf meinem Weg durch die Nacht.

Gebet bei Dienstende

Lieber Gott,
wieder ist ein Arbeitstag vorbei
und wieder hast Du mich gut durch den Tag gebracht.
Du hast mich auch heute beschützt
und mich auf meinen Fahrten begleitet.
Du hast mir auch heute geholfen,
meine Arbeit zu tun
und hast mich spüren lassen,
dass Du bei mir bist.
Es freut mich immer wieder,
zu wissen,
dass Du bei mir bist,
mich beschützt
und mir hilfst.
Lieber Gott,
ich danke Dir auch heute,
dass Du mich auf meinen Fahrten begleitest,
mich beschützt,
mir beistehst
und mich spüren lässt,
dass Du bei mir bist.

Ein freundliches Wort

Herr,
gib mir ein offenes Ohr für meine Kollegen,
wenn sie reden möchten,
und offene Augen,
wenn sie in Not sind.
Mache mich bereit zu helfen,
wenn sie mich brauchen.
Gib mir Verständnis für sie
und lass mich jeden akzeptieren,
wie er ist.
Und schenke mir ein freundliches Wort
für jeden von ihnen.

Menschlich bleiben

Lieber Gott,
es liegt an uns,
dafür zu sorgen,
dass die Eisenbahn menschlich bleibt.
Hilf uns,
die Kollegen als Menschen zu sehen
und nicht als Nummern.
Hilf uns,
dass wir füreinander einstehen
und uns gegenseitig helfen,
uns zuhören
und miteinander reden
statt übereinander.
Hilf uns,
dass wir jeden akzeptieren,
wie er nun einmal ist,
und einander mit Respekt behandeln.
Wir müssen uns ja nicht lieben,
aber achten sollten wir einander schon.
Herr,
lass uns daran denken,
dass wir alle Menschen sind
und Gefühle haben.
Und gib uns den Mut,
Gefühle auch zuzulassen.

Hilf uns,
zuzugeben,
dass wir verletzlich sind,
und bewahre uns gerade dann davor,
einander zu verletzen.

Wir brauchen Dich

Herr,
wir brauchen Dich.
Wir brauchen Deinen Beistand –
es liegt ja nicht an uns allein,
ob immer alles gut geht.
Wir brauchen das Gebet
für uns und die Kollegen.
Es gibt so vieles,
das wir vor Dich bringen können:
Lob und Dank
und unsere Bitten.
Herr,
unser Beruf ist manchmal schwer
und die Verantwortung ist groß.
Da ist es wirklich gut,
zu wissen,
dass Du uns nicht allein lässt!

Keine Selbstverständlichkeit

Oh Herr,
eigentlich halte ich es für selbstverständlich,
immer gut ans Ziel zu kommen.
Ich denke kaum darüber nach,
dass es auch anders werden könnte.
Es erschreckt mich dann,
wenn ich erfahre,
es hat wieder ein Kollege einen Unfall gehabt
mit Verletzten oder Toten.
Ich bitte Dich,
lass mich immer wieder dankbar sein,
wenn wieder alles gut gegangen ist –
und stehe mir bei,
wenn es auch mich einmal trifft.

Glück gehabt

Lieber Gott,
bisher ist alles gut gegangen,
ich habe noch nie einen schweren Unfall gehabt.
Ich wünsche mir,
dass es so bleibt,
und doch kann es sich heute schon ändern.
Ich kenne ja genügend Kollegen,
die nicht so ein Glück hatten wie ich.
Ich bitte Dich:
Beschütze mich auch heute,
damit kein Unfall geschieht,
und steh mir bei,
wenn es doch anders kommt …

Berufsrisiko

Ach Gott,
jeder von uns weiß doch,
jederzeit kann auch ihm ein Unglück geschehen.
Und jeder von uns hofft,
dass er von einem Unfall verschont bleibt.
Aber sicher ist niemand,
es ist nun einmal Berufsrisiko.
Wahrscheinlich denkt jeder mal darüber nach,
wie es wohl ist,
wenn ihm ein Unfall geschieht
und wie er dann wohl reagiert.
Und wenn es dann soweit ist,
ist wahrscheinlich alles ganz anders …
Ich hoffe ja auch,
dass es mich niemals trifft,
doch sicher bin ich nicht …
Ja Gott,
es ist leider Berufsrisiko,
dass man mal einen Menschen tötet.
Und dann kann ich nur hoffen,
dass Du mir beistehst,
falls es auch mich einmal trifft.

Wir können es nicht ändern

Herr,
wir können es nicht ändern
und wir können nicht viel tun.
Es wird immer Unfälle geben,
denn es wird immer Menschen geben,
die leichtsinnig und gedankenlos sind
oder sich auf den Gleisen das Leben nehmen.
Wir können nur warnend pfeifen
oder die Menschen lautstark belehren.
Aber das ändert nicht viel –
ist nur ein Tropfen auf den heißen Stein.
Herr,
wir können es nicht ändern
und auch Du kannst es nicht –
es wird immer Unfälle geben.
So ist das leider in unserem Beruf.
Wir können es nur hinnehmen
und das ist bitter.
Aber aufregen bringt ja nichts
und wirklich etwas dagegen tun –
das ist leider nicht möglich.
Also hilf uns bitte,
damit zu leben.

Gebet eines kranken Lokführers

Lieber Gott,
ich bitte Dich,
führe mich gut durch den Tag.
Du weißt ja,
es geht mir nicht gut
und ich fühle mich nicht wohl.
Hilf Du mir,
trotzdem meine Arbeit zu tun.
Heute ist ja alles viel anstrengender als sonst,
weil ich mich nicht gut fühle.
Der Feierabend ist noch fern,
hilf Du mir,
durchzuhalten.

Gebet eines genervten Lokführers

Ach Gott,
heute ist wieder so ein Tag,
den man am liebsten streichen würde.
Störungen und Pannen
und nichts als Ärger.
Es ist wie verhext,
was heute alles schiefläuft.
Ich weiß nicht einmal warum,
es ist einfach so.
Ach Gott,
ich versuche ja,
ruhig zu bleiben,
aber ich merke auch,
dass ich immer gereizter werde.
Du glaubst ja nicht,
wie mich das alles nervt!
Schon so viel Ärger
und der Feierabend ist noch fern.
Das kann ja noch heiter werden …
Oh Gott!
Bitte!
Gib mir Geduld
und hilf mir,
auch diesen Tag zu überstehen!

Nicht mein Tag

Ach Gott,
irgendwie war heute nicht so mein Tag …
Es gab viele Probleme
und ziemlich viel Ärger,
ja heute lief wirklich einiges schief.
Und irgendwie regt es mich immer noch auf,
auch wenn ich schon lange daheim bin.
Aber vielleicht
habe ich mich auch zu sehr daran gewöhnt,
dass eigentlich alles immer recht glatt läuft
und nehme es als selbstverständlich.
Ja Gott,
heute war es eben anders
und es lief nicht so rund wie sonst.
So etwas kann ja passieren
und es ist ja nicht wirklich schlimm.
Aber es erinnert mich auch wieder daran,
dass es eben nicht selbstverständlich ist,
wenn es nie große Probleme gibt.
Jetzt will ich nicht länger jammern –
und der morgige Tag
wird ja bestimmt wieder anders …

Gebet am ersten Arbeitstag

Heute ist mein erster Arbeitstag.
Ich fühle mich noch unsicher
und bin nervös.
Werde ich es schaffen,
wieder meine Arbeit zu tun?
Oder wird die Angst mich lähmen,
es könnte wieder ein Unfall geschehen?
Du gibst mir diese Chance,
Herr,
lass es gelingen.

Sehnsucht nach Liebe

Ach Herr,
ich wünsche mir so sehr
ich hätte eine Frau,
die mich liebt
und die ich lieben kann.
Eine Frau zum In-die-Arme-Nehmen,
eine Frau,
die zu mir hält.
Bin ich denn zur Einsamkeit verdammt –
nur weil ich Lokführer bin?
Oft sehne ich mich danach,
dass mich jemand in die Arme nimmt,
mir sagt,
er hat mich gern.
Ich sehne mich nach Zärtlichkeit
und fühle mich oft sehr allein.
Ach Herr,
gibt es denn keine Frau für mich?
Ich wünsch es mir so sehr!

Grübeleien eines Einsamen

Ach Gott,
was ist denn nur los?
Warum finde ich keine Freundin für mich?
Manchmal tut es echt weh,
und dann frage ich mich manchmal,
ob es an mir liegt …
Aber es muss doch eine geben,
die mich mag,
so wie ich bin –
und so ein übler Kerl
bin ich ja schließlich auch nicht.
Oder liegt es am Schichtdienst?
Daran, dass ich auch am Wochenende
oft Dienst habe?
Aber auch damit kann man doch irgendwie leben –
wenn man nur will!
Was soll ich denn machen?
Ich kann mir doch nicht mit Gewalt
eine Freundin suchen –
Ich kann doch nichts erzwingen!
Fast alle haben schon Frauen,
nur bei mir klappt es nicht!
Warum sieht denn bloß keine,
dass ich auch ein lieber Kerl bin?
Meinst Du, Gott,
das ändert sich irgendwann?
Und auch ich finde mein Glück?
Das wäre wirklich schön.

Mein Beimann

Ach Gott,
Du kennst das ja –
als Lokführer bin ich doch ziemlich allein
in meinem Führerstand.
Mit viel Zeit zum Nachdenken
über Dich
und die Welt,
über mich
und das Leben.
Ja Gott,
manchmal ist auch schön,
allein zu sein.
Aber manchmal wünsche ich mir auch,
ich hätte jemanden zum Reden
und wäre nicht immer so allein …
Na ja, und manchmal denke ich daran,
dass Du ja da bist,
hier bei mir.
Und dann fühle ich mich
schon nicht mehr so allein …

Meine Lebensbahn

Ja Gott,
manchmal stelle ich mir mein Leben vor
so wie die Schienen,
auf denen ich täglich fahre.
Die Richtung ist vorgegeben,
mit Dir
zu Dir,
und Du führst mich.
Manchmal gibt es dann Weichen,
die Du für mich stellst
oder ich selbst –
wenn ich Entscheidungen treffe.
Und es gibt rote Signale,
die sagen:
Stopp! Innehalten! So geht es nicht weiter!
Und wenn ich dann nicht aufpasse –
Zwangsbremsung!
Dann rüttelst Du mich auf,
sagst: „Junge, pass doch auf!"
Es gibt auch Hindernisse auf meiner Lebensbahn –
die räume ich dann weg
Oder übersteige sie.
Mühsam zwar,
aber immer mit Deiner Hilfe.
Na ja,
ich könnte mir auch denken,
ich wäre eine Lok.

Mit Deiner Hilfe immer stark und gut in Fahrt.
Aber manchmal im Leben schleudere ich dann doch,
aber irgendwann greifen die Räder wieder
und die Lebensfahrt geht weiter.

Kein besonderer Mensch

Lieber Gott,
ich bin kein besonderer Mensch
und perfekt bin ich schon gar nicht.
Aber das muss ich ja nicht sein,
denn Du nimmst mich, wie ich bin.
Du begleitest mich auf allen meinen Wegen,
bei meiner Arbeit
und durch mein Leben.
Wenn ich unterwegs bin,
weiß ich,
Du passt auf mich auf
und stehst mir bei,
egal, was geschieht.

Deine Geduld

Weißt Du, Gott,
manchmal staune ich einfach,
wie viel Geduld Du mit mir hast.
Ich darf noch so viele Fehler machen
und noch so oft versagen –
Du hältst trotzdem zu mir!
Du verurteilst mich nicht,
sondern gibst mir neue Chancen!
Ich weiß ja,
dass ich nicht perfekt bin –
aber es tut trotzdem immer wieder gut,
dass Du das auch nicht von mir verlangst.
Ich glaube,
Du siehst einfach,
dass ich mir Mühe gebe,
irgendwie recht anständig zu leben.
Und das genügt Dir wohl schon
und mehr verlangst Du wohl nicht.
Ach Gott,
ich bin wirklich froh,
dass ich keine Höchstleistungen bringen muss,
nicht perfekt sein muss.
Und es tut einfach gut,
zu spüren,
Du magst mich
und nimmst mich an,
so wie ich bin!

Menschenfreund

Lieber Gott,
ich möchte
mit mir selbst geduldiger sein –
Du bist es ja auch.
Ich möchte
mich annehmen, wie ich bin –
Du tust es ja auch.
Ich möchte
mir meine Fehler vergeben –
Du tust es ja auch.
Ich möchte
es mir zugestehen,
dass ich nicht perfekt bin –
Du tust es ja auch.
Ich möchte
freundlich zu mir sein –
Du bist es ja auch.
Ich möchte
mir vertrauen –
Du tust es ja auch.
Ja Gott,
wenn Du schon so gut zu mir bist,
dann kann ich es
doch auch sein!

Andere Maßstäbe

Oh Herr,
bei Dir ist alles anders.
Du sagst Ja zu mir,
wenn die anderen mich verurteilen.
Du stehst zu mir,
wenn sich andere von mir abwenden.
Du fragst nicht nach meiner Schuld,
sondern nimmst mich an,
wie ich bin.
Und wenn ich schwach und mutlos bin,
richtest Du mich wieder auf.
Ich staune immer wieder:
Du sagst Ja zu mir
und dafür danke ich Dir!

Du bist bei mir

Herr,
Du bist bei mir,
bei allem,
was ich tue
und egal,
wo ich bin.
Du bist da,
bei Tag und bei Nacht,
egal,
was auch geschieht.
Du beschützt mich
und stehst mir bei.
Ich habe keine Angst,
denn Du bist ja bei mir.

Geborgenheit

Weißt Du, Gott,
irgendwie tut es schon gut,
zu wissen,
dass Du immer bei mir bist –
gerade jetzt,
wo es mir überhaupt nicht gut geht.
Irgendwie tröstet es mich da schon,
dass Du mich nicht allein lässt
und mich immer wieder
Halt und Trost im Glauben finden lässt.
Ich kann es eigentlich nicht erklären,
aber es tut mir eben gut,
zu wissen,
Du bist da –
egal, was auch ist.
Und das ist einfach schön
und tröstet mich.
Und wenn ich auch traurig bin
und nicht weiß,
was zu tun ist
fühle ich mich bei Dir trotzdem geborgen,
denn Du bist ja da,
bist immer da für mich!

Ruhige Zuversicht

Herr,
ich bin ganz ruhig,
denn Du bist ja bei mir.
Ich sorge mich nicht,
denn Du wirst mir helfen.
Ganz egal,
was auch geschieht
und welche Nöte mich treffen –
Du wirst mir beistehen
mit all Deiner Kraft.
Und Du wirst mich trösten.
Herr,
auf Dich vertraue ich,
so kann ich ruhig
und voller Zuversicht
durch mein Leben gehen.

Dank für Gottes Beistand

Lieber Gott,
zu Dir kann ich kommen mit all meinen Sorgen,
mit allem,
was mich bedrückt.
Du nimmst mich an
und tröstest mich.
Du weißt,
wie ich mich fühle,
und keine Fassade kann Dich täuschen.
Ich danke Dir,
dass Du bei mir bist.

Aufatmen

Weißt Du, Gott,
jetzt geht es mir besser,
seit ich nicht mehr meine,
ich müsste alles schönreden.
Ich darf doch ehrlich zu Dir sein,
darf die Dinge beim Namen nennen,
statt zu schummeln
und so zu tun,
als lässt mich alles kalt.
Du weißt ja sowieso,
wie es mir wirklich geht.
Ja jetzt merke ich erst,
wie gut es mir tut,
mir alles von der Seele zu reden,
Dir alles anzuvertrauen,
was mich bewegt –
so wie einem guten Freund.

Gläubiges Vertrauen

Herr,
ich darf gläubig darauf vertrauen,
dass Du mir hilfst.
Ich darf darauf vertrauen,
dass Du mir beistehst
und zu mir hältst.
Du lässt mich spüren:
Ich bin nicht allein,
egal, was auch kommt –
Du wirst bei mir sein!

Unter Gottes Führung

Herr, Du führst mich –
und lässt nicht zu, dass ich falle.
Herr, Du führst mich –
und lässt nicht zu, dass mich die Kraft verlässt.
Herr, Du führst mich –
und schenkst mir wieder Zuversicht.
Herr, Du führst mich –
und lässt mich Deine Nähe spüren.
Herr, Du führst mich –
und lässt mich bei Dir Hilfe finden.
Herr,
Du führst mich,
zeigst mir den Weg
in dieser schweren Zeit.
Du nimmst Dich meiner an,
weil Du mich magst.

Keine Angst

Ich habe keine Angst –
denn Du stehst mir bei
und lässt mich Deine Nähe spüren.
Ich habe keine Angst –
denn Du hilfst mir
und schenkst mir wieder Mut.
Ich habe keine Angst –
denn Du tröstest mich
und schenkst mir neue Kraft.
Ich habe keine Angst –
denn Du bist bei mir
und lässt mich nicht allein!

Orientierung

Herr,
es gibt so viele Probleme,
die ich eigentlich lösen müsste –
am Besten alle auf einmal,
aber das geht ja nicht.
Wo soll ich anfangen?
Was kann ich denn überhaupt tun?
Herr,
zeige Du mir den Weg,
dass ich mich nicht übernehme
und dann mutlos werde.
Lass mich meine Möglichkeiten erkennen
und schenke mir Geduld,
wenn ich nicht gleich Erfolge sehe.
Ich vertraue mich Deiner Führung an –
hilf Du mir,
den richtigen Weg zu gehen.

Auf der Suche

Weißt Du, Gott,
manchmal wünsche ich mir,
ich wäre wirklich sicher,
dass es okay ist,
wie ich lebe
und was ich glaube.
Manchmal frage ich mich dann,
ob es Dir genügt,
wie ich mein Leben lebe,
oder ob Du mehr von mir erwartest …
Ja, dann plagen mich die Zweifel,
ob Dir mein bescheidener Glaube schon genügt –
aber ich bin nun einmal so …
Und irgendwie suche ich noch immer
nach meinem Glaubensweg
und wünsche mir so sehr,
ich hätte ihn endlich gefunden …

Antworten

Lieber Gott,
ich bin ratlos.
Ich zweifle daran,
ob es richtig ist,
was ich tue.
Ich frage mich dann,
bin ich auf dem richtigen Weg?
Oft wünsche ich mir eine Antwort,
ein eindeutiges Ja von Dir.
Manchmal passieren dann Dinge,
in denen ich Deine Antwort erkenne.
Es geschieht etwas,
das mir zeigt,
es ist richtig,
was ich tue.
Das tut mir unheimlich gut,
gibt mir wieder Zuversicht
und lässt mich erkennen,
dass Du bei mir bist.

Der Sinn meines Lebens

Lieber Gott,
manchmal überlege ich schon,
was eigentlich der Sinn
meines Lebens ist.
Ich denke darüber nach,
was Du wohl von mir willst,
was wohl meine ganz persönliche Aufgabe ist.
Ich versuche,
Dich zu hören,
was Du mir zu sagen hast.
Ach Gott,
ich lebe ja nicht einfach so dahin –
nein, das glaube ich eigentlich nicht.
Aber manchmal weiß ich eben nicht,
was wirklich wichtig ist
im Leben.
Aber Du wirst es mir schon zeigen …

Glauben können

Mein Gott,
ich möchte
nicht für alles
Erklärungen finden müssen –
sondern glauben.
Ich möchte
keine Beweise brauchen –
sondern auf Dich vertrauen.
Ich möchte
nicht alles verstehen müssen –
sondern es annehmen
aus Deinen Händen.
Ich möchte meinen Weg
mit Dir gehen.
Auch wenn manchmal
die Zweifel quälen.

Allein mit Dir

Lieber Gott!
Manchmal bin ich ganz allein mit Dir.
Dann sitze ich einfach nur da,
schweige
und spüre:
Du bist da,
Du bist bei mir.
Dann fühle ich mich unheimlich wohl
und sehr geborgen.
Ich brauche nicht zu beten –
Du lässt mich einfach so
Deine Nähe spüren.
Erinnerst mich daran,
dass Du da bist,
bei mir bist,
immer bei mir bist.
Ja Gott,
manchmal sitze ich einfach nur da
und spüre Deine Nähe.
Ich brauche nichts zu sagen,
darf schweigen
und einfach nur spüren,
es tut mir gut.
Ja Gott,
manchmal bin ich ganz allein mit Dir.
Und diese Momente
tun mir unendlich gut!
Und ich fühle mich geborgen!

Gebet in einer Kirche

Hier sitze ich
und warte.
Ich warte darauf,
Deine Nähe zu spüren.
Ich warte darauf,
zur Ruhe zu kommen.
Ich warte darauf,
Trost zu finden.
Hier sitze ich
in dieser Kirche.
Ich warte auf Dich –
bitte enttäusche mich nicht.

Ungeduld

Lieber Gott!
Eigentlich habe ich ganz genau erkannt,
wo meine Probleme liegen
und was ich anders machen sollte.
Ich bemühe mich ja auch,
doch es gelingt mir nicht immer.
Und zwingen
kann ich mich schon gar nicht –
das macht alles noch schlimmer.
Ich meine dann manchmal,
ich hätte versagt.
Aber ich bin doch auch nur ein Mensch!
Mit Fehlern und Schwächen –
und mehr als mir Mühe geben
kann ich doch nicht!
Warum kann ich denn nicht sagen:
Heh, ich mag mich
wie ich bin?
Und mir selber sagen:
Ich darf Fehler machen,
Schwächen zeigen,
muss nicht gleich immer alles schaffen?
Warum fehlt mir nur die Geduld?
Du hast doch auch Geduld mit mir
und tröstest mich,
wenn ich alles hinschmeißen will,
weil ich glaube,
ich schaffe es nicht …

Gebet um Selbstvertrauen

Lieber Gott,
Du weißt,
nach allem,
was ich erlebt habe,
fällt es mir schwer,
mir wieder etwas zuzutrauen.
Meine Bedenken sind oft größer
als meine Zuversicht –
lass mich doch wieder an mich selber glauben,
daran,
dass ich es schaffen kann,
meine Probleme zu bewältigen.
Schenke mir doch wieder Selbstvertrauen
und hilf mir,
nicht aufzugeben.
Lass mich stark sein –
stark genug,
um meine Probleme anzugehen!

Trotz aller Zweifel

Lieber Gott,
trotz aller Zweifel
glaube ich,
vertraue ich
auf Dich.
Trotz aller Zweifel
bete ich
und hoffe ich
auf Dich.
Trotz aller Zweifel
lege ich mein Leben
ganz in Deine Hände.
Ich bitte Dich, mein Gott:
Vergib mir meine Zweifel.

Wie Glaube hilft

Lieber Gott,
viele verstehen es ja nicht.
Aber mir hilft mein Glaube,
mein Vertrauen auf Dich.
Wenn ich bete,
dann tut es mir gut,
und in der Bibel zu lesen
gibt mir wieder Mut.
Es tut gut,
zu wissen,
dass Du bei mir bist
und mich auch in der Not nicht vergisst.
Im Glauben finde ich Kraft
und neue Zuversicht
und auch in schweren Zeiten
verzweifle ich nicht.

Sonntagsgedanken

Ach Herr,
ich weiß ja:
Eigentlich sollte ich mal wieder in die Kirche gehen,
ich würde ja auch gerne öfter
am Gottesdienst teilnehmen.
Aber Du weißt doch,
wie das ist –
entweder habe ich Dienst
oder ich bin froh,
wenn ich mal ausschlafen kann.
Ich bin doch deswegen kein schlechterer Mensch,
und ich weiß ja,
dass Du auch im Alltag bei mir bist.
Du verstehst mich
und weißt ja,
dass ich ganz fest an Dich glaube,
auch wenn ich es nicht immer zeigen kann.

Betrachtungen zum Gebet

Ach Gott,
ich glaube,
es ist Dir nicht wichtig,
wie ich bete.
Du verstehst mich einfach –
wenn ich nur ehrlich zu Dir bin.
Wahrscheinlich ist es Dir lieber,
ich bin mit dem Herzen dabei,
als dass ich viele schöne Worte mache –
die ich dann nicht so meine …
Weißt Du,
ich glaube sogar,
Du freust Dich,
wenn ich mit Dir rede,
Dir erzähle,
was mich bewegt.
Viele Menschen interessierst Du ja nicht,
aber ich könnte so nicht leben –
so ganz ohne Dich.
Denn ich bin mir sicher,
dass es Dich gibt
und dass Du immer da bist –
für mich!
Ja Gott,
wie könnte ich da tun
als gäbe es Dich nicht?
Und nicht mehr beten?

Wo Du doch darauf wartest,
von mir zu hören, wie es mir geht
und was mich bewegt?

Fast ein Gebet

Ja Gott,
ich denke schon oft an Dich.
Einfach nur so,
mitten im Alltag.
Ich denke an Dich,
wenn ich mich freue,
dass es mir gut geht,
oder einfach staune,
wie schön die Natur ist.
Oder beim Fahren,
wenn ich dann spüre,
auch da bist Du bei mir –
Du bist ja nicht nur in der Kirche.
Ach Gott,
manchmal freue ich mich einfach,
dass es Dich gibt
und dass Du mich durch mein Leben begleitest.
Na ja, so richtig beten –
das liegt mir vielleicht nicht
und manchmal ist es ja auch schwer,
die nötige Ruhe zu finden.
Aber wenn ich dann so im Alltag
einfach an Dich denke –
ist das nicht schon fast ein Gebet?

Gebet

Lieber Gott,
weißt Du,
wie gut es mir tut,
zu wissen,
da ist jemand,
der hört mir immer zu?
Wenn ich zu Dir bete,
Dir erzähle,
was mich beschäftigt
oder bewegt,
dann weiß ich,
Du hörst mich.
Ganz egal,
ob mit eher belanglosen Sachen
oder mit großen Problemen –
zu Dir kann ich immer kommen,
denn Du interessierst Dich für mich.
Lieber Gott,
es ist wirklich schön,
zu wissen,
ganz egal,
wie ich bete –
Du hörst mich.

Wenn ich zu Dir bete

Herr,
wenn ich zu Dir bete,
dann geht es mir besser.
Wenn ich Dir von meinen Problemen erzähle,
dann spüre ich,
Du lässt mich nicht allein.
Was mich belastet und bedrückt,
ist plötzlich leichter zu ertragen,
ich kann es fast spüren,
wie Du mir hilfst
meine Last zu tragen.
Wenn ich meinen Kummer
im Gebet vor Dich bringe,
nimmst Du mir den Schmerz
und richtest mich auf.
Ich kann es auch nicht recht erklären,
aber wenn ich zu Dir bete,
dann tut es mir gut.

Gespräche mit Gott

Herr,
zu Dir darf ich kommen
mit all meinen Sorgen.
Ich darf zu Dir beten,
schreien und flehen.
Ich kann Dir alles sagen,
was mich bewegt.
Du erhörst mich
und lässt mich nicht im Stich.
Es tut gut,
mit Dir zu sprechen –
denn Du hilfst mir,
meine Last zu tragen.
Manchmal sage ich nicht viel,
aber Du weißt ja,
wie es mir geht.
Du bist immer für mich da
und dafür danke ich Dir.

Beten

Ich darf zur Ruhe kommen,
meine Sorgen vor Dich bringen,
spüren,
dass Du mich nicht allein lässt.
Ich kann über alles reden
und weiß,
Du verstehst mich.
Ich finde Trost und neue Kraft.
Herr,
beten hilft mir immer,
auch wenn keine Wunder geschehen.

Einfach beten

Einfach die Hände falten,
die Augen schließen,
spüren,
dass Du mir ganz nahe bist
und ganz bei Dir sein,
um nichts bitten,
sondern schweigen
und wissen,
Du siehst in mein Herz –
ach Gott,
einfach beten
ohne viele Worte –
das gibt mir tiefen Frieden
und tut mir einfach gut.

Nicht bei der Sache

Ach Gott,
Du weißt ja:
Manchmal bin ich beim Beten
nicht so recht bei der Sache.
Dann bin ich müde und unkonzentriert
und mit den Gedanken bin ich woanders.
Das tut mir wirklich leid,
aber auch wenn ich müde bin,
ist mir das Gebet doch wichtig –
ich bete ja auch für meine Kollegen.
Da möchte ich nicht sagen:
„Na gut, dann fällt es eben aus."
Ja so wünsche ich mir immer wieder,
andächtig zu beten,
auch wenn es schwerfällt
und nicht immer gelingt.
Und ich hoffe sehr
und bin mir fast sicher,
dass jedes Gebet bei Dir zählt
und Du auch den guten Willen siehst.
Und ich bin sicher,
dass Du mich schon verstehst
und weißt,
was ich Dir sagen will.

Nur ein kleines Gebet

Ach Gott,
ich kann Dir nichts bieten
und kann Dir nichts versprechen.
Ich kann Dich nur lieb bitten:
Hilf mir doch!
Ich kann Dir nichts geben –
was sollte das auch sein?
Ich kann nur auf Dich vertrauen:
Hilf mir doch!
Und es fällt mir auch nicht leicht,
vor Dir zu bekennen,
wie schlecht es mir geht,
aber Du weißt es ja schon.
Hilf mir doch!
Ja Gott,
hier bin ich
mit leeren Händen.
Ich kann Dir nichts geben
und kann Dich auch nicht zwingen,
mich zu erhören
und mir zu helfen.
Ich kann Dich nur lieb bitten:
Hilf mir doch!
Aber ob Du mich erhörst,
liegt nicht in meinen Händen …

Gebet eines Verzagten

Herr,
ich möchte so gerne beten,
aber ich weiß nicht so recht,
wie das geht.
Ich bin es einfach nicht gewöhnt,
lass mich doch zu Dir finden.
Wirst Du mich erhören,
auch wenn ich jetzt erst zu Dir komme?
Nimmst Du Dich meiner an
oder ist es zu spät?
Ich möchte gerne beten,
zeige mir doch,
wie das geht.
Ach Herr,
lass mich doch Worte finden,
es gibt so vieles,
was mich quält.
Ein wenig glaube ich ja schon,
dass Du mir helfen wirst.
Lass doch mein Vertrauen auf Dich
noch größer werden!

Gebet eines Ungeübten

Gott,
was soll ich sagen?
Ich habe ja noch nie gebetet,
ich weiß nicht,
ob es Dich gibt,
kannst Du mir vielleicht helfen
in meiner großen Not …
Es ist nicht leicht,
sich gerade jetzt an Dich zu wenden
und vielleicht ist es ja auch kein richtiges Gebet.
Aber was soll ich denn tun?
Wer sonst kann mir helfen?
Wie soll ich Dich nennen?
Gott oder Herr?
Oder noch anders?
– was ist denn wohl richtig …
Und wie kann ich mit Dir reden –
So wie jetzt?
Wie es mir gerade einfällt?
Oje, ist das schwer,
wenn man noch nie gebetet hat …
Ich kann es nur versuchen,
so gut es eben geht,
und schauen,
ob es hilft.
Und irgendwie hoffe ich so sehr,
dass es Dich gibt
und dass Du mich hörst!

Gebetserhörungen

Oh Gott,
es wäre ja schön,
wenn Du meine Gebete immer so erhören würdest
wie ich es mir wünsche.
Aber das tust Du einfach nicht immer
und manchmal spüre ich dann nicht einmal,
dass mir das Beten hilft,
wenigstens meine Seele beruhigt.
Und trotzdem glaube ich ganz fest daran,
dass Du mir nahe bist
und hörst,
was ich Dir zu sagen habe –
auch wenn ich Deine Nähe nicht spüre
und mir das Beten sinnlos erscheint.
Aber Gott!
Trotz allem suche ich immer wieder
Halt und Trost bei Dir!
Und ich habe es ja auch schon oft erfahren,
dass Du mir hilfst.
Nur eben manchmal nicht sofort
oder eben anders,
als ich es mir so denke.
Aber vielleicht ist das gerade gut so,
denn so lerne ich immer wieder,
Dir wirklich zu vertrauen!

Im Gebet verbunden

Herr,
es ist mir eine liebe Gewohnheit
für meine Kollegen zu beten.
Deinen Segen und Beistand
für uns alle zu erbitten
und Dir die Nöte meiner Kollegen
im Gebet anzuvertrauen.
Ja, ich nehme mir die Zeit
und schenke ihnen meine Gebete –
voller Vertrauen darauf,
dass Du ihnen hilfst.
Ja Gott,
so bin ich mit ihnen verbunden –
auch wenn sie es nicht wissen.
Und sicher beten auch andere Kollegen
für uns alle
und auch für mich.
So sind wir im Gebet verbunden,
auch wenn wir uns nicht kennen
und nichts voneinander wissen.
Aber Du, Herr,
weißt es
und das genügt.

Jedes Gebet gibt mir Halt

Herr,
Du kennst meine Unruhe,
meine Verzagtheit
und Du weißt,
was mich quält.
Jeden Tag
bete ich zu Dir,
das gibt mir Halt
und auch ein wenig Trost.
Dann komme ich zur Ruhe,
und es ist ein bisschen so,
als hältst Du meine Hand
und sagst mir:
Ich lass Dich nicht im Stich.
Jedes Gebet
gibt mir ein bisschen Halt
in dieser schweren Zeit
und dafür danke ich Dir.

Deine Gegenwart

Du bist da,
auch wenn mir noch so elend ist
und ich mich einsam und verlassen fühle.
Du bist da,
wenn mich Ängste und Sorgen quälen
und ich vergeblich darauf hoffe,
dass es mir besser geht.
Wenn das Grübeln kein Ende nimmt
und ich spüre,
es kostet unendlich viel Kraft,
auch dann bist Du da
und hältst mich.
Ja Gott,
irgendwie weiß ich,
Du bist immer da,
auch wenn ich es nicht immer spüre.
Und irgendwie tut es gut,
darauf zu vertrauen,
dass Du mir beistehst
und mir nahe bist,
egal,
was auch ist
und wie ich mich fühle.

Du bist da

Du bist da,
wenn ich nachts nicht schlafen kann.
Du bist da,
wenn mich am Tag die Sorgen quälen
und ich nicht mehr weiter weiß.
Du bist bei mir
bei Tag und bei Nacht,
in jeder Stunde und jeder Minute.
Du bist bei mir
und lässt mich Deine Nähe spüren.
Du bist bei mir
und lässt mich nicht allein.
Du tröstest mich, mein Gott –
ich danke Dir dafür.

Trost in der Ungewissheit

Herr,
alles ist so ungewiss –
was aus mir wird
und wie es weitergeht.
Es fällt mir schwer,
den Mut nicht zu verlieren,
geduldig zu sein
und nicht aufzugeben.
Gerade dann
tut es mir gut,
zu wissen,
dass Du auch im Leid bei mir bist.

Gottvertrauen

Lieber Gott,
hilf mir doch,
mein Leben wieder in den Griff zu kriegen,
meine Fassung wiederzugewinnen
und den Unfall zu verkraften.
Lass mich doch nicht daran zweifeln,
dass ich es schaffe,
und gib mir Kraft und Zuversicht.
Lass mich nicht mutlos werden
und schenke mir Geduld.
Wenn Du mir hilfst,
dann schaffe ich es auch –
darauf will ich vertrauen!

Glaube, Hoffnung, Liebe

Ich glaube,
dass Gott mich in meiner Not
nicht allein lässt.
Ich hoffe
auf seine Hilfe und sein Erbarmen.
Ich weiß,
dass er mich liebt
und mich annimmt –
so wie ich bin.

Wenn niemand zuhört

Wer hört mir denn noch zu,
wenn ich von meinem Kummer erzähle?
Wen interessiert es denn noch,
wie schlecht es mir geht?
Zu wem kann ich denn noch gehen
mit meinen Sorgen
und sie ihm anvertrauen?
Manchmal habe ich das Gefühl,
ich nerve sie schon alle
und sie sagen es bloß nicht.
Ach Herr,
ich kann doch nicht schweigen
und alles für mich behalten,
was mich quält.
Wenigstens Du hörst mir zu –
und wenn ich Dir hundertmal das Gleiche erzähle –
Dich stört das nicht.

Wohltuende Ehrlichkeit

Herr,
vor Dir brauche ich nicht stark sein,
muss nicht so tun,
als ob mich alles kalt lässt.
Ich darf Schwäche zeigen
und meine Ohnmacht bekennen.
Statt Lösungen zu haben,
darf ich ratlos sein,
Dich fragen:
„Herr, was nun?"
Ich brauche nicht den harten Kerl zu spielen,
sondern darf Gefühle zeigen,
auch meine tiefe Traurigkeit
und meinen Schmerz.
Ja Herr,
bei Dir muss ich nicht stark sein.
Sondern bei Dir darf ich leiden,
darf zeigen,
wie es mir wirklich geht.
Und auch in den dunkelsten Stunden
und im tiefsten Schmerz
weiß ich,
dass Du bei mir bist
und mich verstehst.

Voller Zweifel

Ach Herr,
ich verliere so schnell den Mut.
Ich zweifle an mir selbst,
an Dir,
an allem.
Vielleicht ist das völlig normal
und ich muss damit leben,
aber eigentlich glaube ich ja doch,
dass es Dir nicht egal ist,
wie es mir geht.
Eigentlich glaube ich ja doch,
dass Du mich nicht allein lässt
und zu mir stehst,
auch wenn ich es nicht immer spüren kann.
Ach Herr,
ich danke Dir,
dass Du mir
trotz allem Unglück
meinen Glauben nicht genommen hast,
auch wenn er manchmal nur sehr schwach
und voller Zweifel ist.

Glaubensnöte

Herr,
mein Glaube ist zutiefst erschüttert.
Er gibt mir keinen Halt mehr,
denn mich quälen die Zweifel.
Wenn Du wirklich ein guter Gott bist –
warum ist dann dieser schreckliche Unfall passiert?
Wenn Du uns behütest,
uns hilfst –
wo warst Du dann?
Wo bist Du jetzt?
Ich suche nach einem Sinn,
aber ich finde ihn nicht.
Warum muss ich so leiden?
Ist es Deine Strafe für mich?
Was habe ich denn getan?
Herr,
wo ist jetzt mein Glaube,
der mich immer getragen hat?
Wo ist mein Glaube?
Mein Vertrauen zu Dir?

Suche nach Gott

Oh Gott!
Bist Du noch da?
Bist Du noch bei mir?
Ich empfinde nichts mehr,
wenn ich bete,
spüre Deine Nähe nicht mehr.
Oh Gott!
Bist Du noch bei mir?
Beten erscheint mir sinnlos
und Dein Wort tröstet mich nicht.
Voller Verzweiflung suche ich nach Dir
in meiner großen Not,
hoffe auf Deinen Beistand,
doch ich finde Dich nicht!
Wo ist nur mein Glaube geblieben,
der mich immer getragen hat?
Ich brauche Dich doch, oh Gott!
Hilf mir doch!
Gib mir nur ein kleines Zeichen,
dass Du bei mir bist!
Ich flehe Dich an!
Und sei dieses Zeichen auch noch so winzig klein …

Zweifel

Ich habe immer geglaubt,
Du passt schon auf mich auf.
Aber wo warst Du,
als der Unfall geschah?
Ich habe immer geglaubt,
Du stehst mir bei –
hast Du mich jetzt verlassen?
Jeden Tag habe ich gebetet
„Herr, beschütze mich"
und auf Dich vertraut.
War das denn alles vergeblich?

Zwiegespräch mit Gott

Herr,
hier sitze ich.
Ratlos schaue ich auf das Kreuz
und frage mich immer wieder:
Was habe ich getan,
dass ich so leiden muss?
Doch ich finde keine Antwort.
Manche würden sicher sagen,
ich hätte es bestimmt verdient
und dass Du mich bestrafst.
Denn irgendeine Sünde
gäbe es ja sicher in meinem Leben.
Aber Herr!
Das glaube ich nicht!
Denn für mich bist Du kein strafender Gott.
Ich glaube vielmehr,
dass Du mich nimmst,
wie ich bin –
mit meinen Fehlern und Schwächen.
Herr,
ich glaube,
es gibt keine Erklärung für mein Leid.
Aber ich glaube,
dass Du mir gerade jetzt
sehr, sehr nahe bist!

Stoßgebet nach einem Unfall

Herr,
steh mir bei,
lass mich jetzt nicht allein!
Gib mir die Kraft,
die ich brauche,
und lass mich Deine Nähe spüren!
Steh Du mir bei, mein Gott,
und lass mich jetzt nicht allein!

Gebet um Ruhe

Herr,
gib, dass sie mich in Ruhe lassen
und mich nicht mit Fragen bedrängen.
Ich weiß doch selbst noch nicht,
was eigentlich geschehen ist,
bin ganz durcheinander
und der Schock sitzt tief.
Ich will nicht reden,
ich kann nicht reden.
Herr,
lass mich jetzt nicht die Fassung verlieren
und lass sie mein Schweigen respektieren.
Herr,
gib mir nur ein bisschen Ruhe,
bis ich wieder bei mir bin.

Nach dem Unfall

Jetzt ist es passiert,
was ich immer befürchtet habe.
Es war ein ganz normaler Tag –
bis dieser Unfall geschah.
Ich will es nicht glauben
und doch ist es wahr.
Herr,
steh mir bei,
lass mich jetzt nicht allein!

Fragen nach dem Unfall

Herr,
was sollen diese bohrenden Fragen?
Sie scheinen zu glauben,
dass ich schuld sei
an diesem Unfall.
Aber das stimmt doch nicht!
Du weißt das!
Und ich weiß es auch.
Warum begreifen sie es nicht,
dass ich völlig machtlos war?
Warum quälen sie mich
mit ihren Fragen,
statt mich zu trösten
und mir Hilfe anzubieten?
Bin ich das Opfer
oder der Täter?
Bald weiß ich es ja selbst nicht mehr …

Herbst

Ja Gott,
hier sitze ich
mit all meiner Angst.
Was soll ich nur tun?
Die Tage sind trüb
und das macht mich fertig.
Wird wieder ein Unglück geschehen?
Oder bleibe ich diesmal verschont?
Die Erinnerungen quälen mich,
die alten Bilder kommen immer wieder hoch.
Hier sitze ich,
ohnmächtig und voller Angst!
Ich fühle mich so hilflos,
was soll ich nur tun?
Oh Gott!
Steh mir bei!
Lass mich nicht allein!

Die schlimme Zeit

Ja Gott,
jetzt beginnt sie wieder –
die schlimme Zeit,
in der es dunkel
und neblig ist
und sich mehr Menschen als sonst
das Leben nehmen.
Es lässt mich nicht kalt,
und jeder Unfall,
von dem ich höre,
reißt meine Wunden wieder auf.
Ich fürchte mich an diesen trüben Tagen
und die Erinnerungen
an meinen Unfall kehren wieder ...
Ja Gott,
ich fürchte mich!
Aber ich muss ja fahren!
Doch die Angst fährt mit!
Oh Gott!
Steh mir doch bei!

Gedanken bei Nacht

Ach Herr,
hier sitze ich
und kann nicht schlafen.
Immer wieder muss ich an den Unfall denken,
so viele Fragen gehen mir durch den Kopf –
doch ich finde keine Antwort.
Ich finde keine Ruhe.
Ich denke an die Kollegen,
denen es wohl ähnlich geht wie mir.
Nacht für Nacht
quälen uns die Erinnerungen,
die Fragen,
auf die es keine Antwort gibt.
Wie viele mögen es wohl sein,
die jetzt wie ich nicht schlafen können?
Steh Du uns allen bei,
lass uns diese schweren Stunden ertragen!

Nachtgedanken

Herr,
ich habe versucht zu vergessen –
es ist mir nicht gelungen.
Die Bilder quälen mich in meinen Träumen,
ich finde kaum Schlaf.
Unruhig wälze ich mich hin und her,
geht diese Nacht denn nie zu Ende?
Wie soll es denn nur werden,
wenn nicht einmal der Schlaf
mich vergessen lässt,
was geschehen ist?

In der Nacht

Wieder ist es Nacht
und ich kann nicht schlafen.
Schon nach wenigen Minuten
schrecke ich wieder hoch
Und in meinen Träumen
sehe ich die Bilder vor mir.
Seit meinem Unfall
sind die Nächte die Hölle,
denn nicht einmal im Schlaf
kann ich vergessen,
was geschehen ist.
Jetzt liege ich wieder wach
und warte auf den Morgen.
Mein Gott!
Ich möchte doch nur eines –
endlich wieder schlafen!

Angst vor der Nacht

Ach Herr,
Du weißt,
wie sehr es mir zu schaffen macht,
wenn ich nachts unterwegs bin
und die Erinnerungen mich quälen.
Ich denke immer wieder über den Unfall nach
und nichts und niemand lenkt mich ab –
ich bin ja ganz allein
in meinem Führerstand.
Herr,
ich habe schon fast Angst
vor den Fahrten in der Nacht,
vor den Erinnerungen
und meinen Grübeleien.
Was soll ich nur tun?
Wie lange wird es noch so gehen?
Herr,
stehe mir bei in diesen Nächten!
Hilf mir,
sie zu ertragen!

Erinnerungen

Eigentlich will ich über dieses Thema nicht sprechen,
obwohl es schwer auf meiner Seele liegt.
Ich will nicht daran erinnert werden
und kann den Erinnerungen doch nicht entfliehen.
Ich versuche ja immer,
nicht daran zu denken,
was geschehen ist –
doch vergessen kann ich es nicht.
Ach Gott,
manchmal meine ich sogar,
alles ist wieder normal,
aber die Erinnerungen kehren wieder –
und ich kann nichts dagegen tun!

Die Angst fährt immer mit

Die Angst fährt immer mit –
es könnte wieder ein Unfall geschehen,
wieder eine Schnellbremsung
und wissen,
es reicht doch nicht.
Die Angst fährt immer mit,
ich könnte wieder einen Menschen töten,
wie es ja schon geschehen ist.
Ich erschrecke ja schon,
wenn jemand dicht an den Gleisen steht –
ist es denn wieder soweit?!
Ich erschrecke ja schon,
wenn jemand auf einer Brücke steht –
der will doch nicht springen?
Ich will ja Lokführer bleiben,
doch diese Angst macht mich noch verrückt.
Hilf mir doch,
wieder ruhiger zu werden.

Dein Wille?

Herr,
ich kann es nicht einfach so akzeptieren
und sagen,
es war wohl Dein Wille.
Nein,
ich stelle Dir Fragen,
die Fragen nach dem Warum
und weshalb es mich getroffen hat.
Oder soll ich wirklich glauben,
dass dieser Unfall Dein Wille war?
Es ist nun einmal geschehen
und ich muss damit leben –
doch dass es Dein Wille war,
das kann ich nicht glauben!
Ich will es auch nicht.

Fragen ohne Antwort

Herr,
ich weiß ja,
es bringt nichts.
Der Unfall ist passiert
und ich kann es nicht ändern.
Trotzdem grüble ich noch immer
und quäle mich mit Fragen,
auf die es keine Antwort gibt.
Was wäre,
wenn ich nicht den Dienst getauscht hätte?
Was wäre,
wenn ich keine Verspätung gehabt hätte?
Was wäre,
wenn es nicht so neblig gewesen wäre?
Was wäre,
wenn ich etwas langsamer gefahren wäre?
Was wäre,
wenn ich auf einer anderen Strecke gefahren wäre?
Wäre dieser Unfall dann auch passiert?
Hätte ich ihn vielleicht verhindern können?
Wäre er dann einem Kollegen passiert?
Oder hätte ich trotzdem einen Unfall gehabt?
An einem anderen Ort?
Zu einer anderen Zeit?
Auf diese Fragen gibt es keine Antwort
Und sie quälen mich.
Ich kann doch nichts mehr ändern,
denn es ist zu spät!

Grübeleien

Ich frage mich noch immer:
Hätte ich den Unfall nicht doch vermeiden können?
Habe ich nicht genug aufgepasst?
Habe ich versagt?
Aber einen Zug
kann man doch nicht so einfach bremsen,
wenn jemand auf den Schienen liegt.
Ich weiß es doch,
aber es tröstet mich nicht.
Ich will nicht mehr darüber nachdenken
und an mir selber zweifeln.
Ich will mich nicht mehr mit Schuldgefühlen quälen,
ich kann doch wirklich nichts dafür!
Ich bin das Opfer,
nicht der Täter!
Was soll ich nur tun, mein Gott?
Hilf mir doch!

Fragen

Sage mir, Herr –
kann ich mir jemals wieder in die Augen sehen –
Nach allem,
was passiert ist?
Ich fühle mich schuldig –
wie könnte ich so tun,
als sei der Unfall nie geschehen?
Ich habe einen Menschen getötet! –
Wie könnte ich da zum Alltag übergehen?
Sage mir doch, Herr –
darf ich darauf hoffen,
dass mein Leben
irgendwann wieder normal wird?

Ratlos

Ja Herr,
jetzt sitze ich da
und kann sehen,
wie ich den Unfall verkrafte.
So etwas habe ich ja noch nie vorher erlebt
und ich erkenne mich nicht wieder.
Ich bin so anders,
schreckhaft und nervös.
Mein Bett ist morgens ganz zerwühlt
und ich bin fix und fertig.
Und wenn ich darüber spreche,
was geschehen ist,
dann steigen mir die Tränen in die Augen.
Herr,
ist das normal?
Und wann wird es besser?
Ich bin völlig ratlos –
was soll ich nur tun?

Ohnmächtige Wut

Herr,
ich kann es nicht fassen,
wie sie mich behandeln,
mich bedrängen,
statt mir wirklich zu helfen!
Ich bin doch fertig,
und brauche Ruhe –
und nicht diesen Druck!
Muss ich mich denn schämen,
wenn ich in meiner Verfassung zu Hause bleibe,
statt zur Arbeit zu gehen?
Bin ich denn schuld,
dass ich einen Unfall hatte?
Ich habe es mir doch nicht ausgesucht!
Wem soll mich denn anvertrauen?
Zählt denn nur,
wann ich wieder funktioniere?
Bin ich ihnen als Mensch völlig egal?
Interessiert es sie nicht,
wie es mir geht?
Wenn sie mir schon nicht wirklich helfen,
sollen sie mich wenigstens in Ruhe lassen!
Dann muss ich es eben alleine schaffen,
aber das ist mir lieber
als diese Schikanen
und diese Heuchelei.

Ich habe zwar immer gewusst,
einen Unfall zu verkraften –
das ist nicht leicht.
Aber wie man jetzt mit mir umspringt –
das hätte ich niemals für möglich gehalten!

Meine Zweifel

Ach Gott,
wenn nur diese Zweifel nicht wären.
Oft frage ich mich:
Habe ich denn genug getan,
um diesen Unfall zu verkraften?
Und war wirklich alles richtig?
Oder habe ich etwas versäumt?
Vielleicht sogar falsch gemacht?
Aber wer kann das schon sagen …
Ach Gott,
warum ist es nur so schwer,
sich zu entscheiden,
zu wissen,
was zu tun ist.
Immer wieder muss ich mich entscheiden
und niemand nimmt es mir ab.
Wenn doch bloß diese Zweifel nicht wären!

Vergebliche Flucht

Ja Herr,
Dich kann ich nicht täuschen.
Ich laufe vor den Erinnerungen davon,
will den trüben Gedanken entkommen.
Doch holen sie mich immer wieder ein
und nichts lenkt mich ab.
Die Bilder und Erinnerungen –
Du weißt,
wie sie mich quälen.
Ich habe doch alles versucht –
gibt es denn kein Entrinnen?
Zuhause fiel mir ja schon die Decke auf den Kopf –
und so habe ich gehofft,
dass die Arbeit mir hilft.
Jetzt bin ich wieder im Dienst –
doch die Erinnerung fährt mit.

Wie ein Automat

Oh Gott!
Ich komme mir gerade vor wie ein Automat.
Ich esse,
trinke,
schlafe und rede
und bin doch nicht bei der Sache.
Ich funktioniere irgendwie
so ganz automatisch
und warte eigentlich nur darauf,
dass ich unter meiner Last zusammenbreche.
Irgendwie merke ich so,
dass mich der Unfall nicht kaltlässt.
Aber statt Gefühle zu zeigen,
bin ich wie betäubt
und funktioniere
irgendwie
und ganz automatisch.
Das geht jetzt schon seit Tagen so –
ist das normal?
Ich esse,
trinke,
schlafe und rede –
das Leben muss ja schließlich auch weitergehen.
Aber ist das auch gut so?
Ich fürchte,
wohl eher nicht.

Aber wenn es sich ändert,
ich nicht mehr auf Automatik gestellt bin –
was passiert dann?
Wie geht es mir dann?
Kommt dann der große Zusammenbruch?
Ich habe ehrlich Angst davor!

Selbsttäuschung

Herr,
ich habe mich getäuscht,
als ich meinte,
es allein zu schaffen,
mit meinen Problemen fertigzuwerden.
Lass mich doch endlich zugeben,
dass ich Hilfe brauche
und nicht so stark bin,
wie ich immer meinte.
Ein richtiger Mann
schafft alles allein –
doch das war ein Irrtum,
ich sehe es ja ein.
Lass mich doch dazu stehen,
dass ich Hilfe brauche,
und zeige mir den Weg.

Quälendes Schweigen

Oh Gott!
Ich möchte so gerne reden
über das,
was mich quält
und schwer auf meiner Seele liegt.
Aber ich habe Angst davor,
Angst davor,
dass alles aus mir rausbricht,
Angst vor meinen Reaktionen
und Angst davor,
was geschieht,
wenn ich mich wirklich öffne.
Ja,
ich möchte so gerne reden
und ich wünsche mir so sehr,
ich könnte es.
Aber was wird passieren?
Wie wird es sein,
wenn ich meine Gefühle endlich zulasse?
Ich weiß es doch nicht!
Und ich habe Angst davor!
Mein Schweigen quält mich
und auch die Grübeleien –
Aber wie kann ich denn reden,
wenn ich mich davor fürchte,
was dann mit mir geschieht?!

Das Leben

Ja Gott,
ihr Leben geht weiter
als wäre nichts passiert.
Alles ist wie immer,
man lacht,
kauft ein,
macht,
was man immer tut
und alles ist wie immer –
ganz normal.
Aber nicht für mich!
Mein Leben ist anders geworden!
Seit heute.
Denn heute habe ich einen Menschen getötet.
Einfach so,
einfach überfahren.
Mein Leben ist nicht mehr normal,
es ist verdammt anders geworden.
Alles ist anders –
auch ich selbst,
so furchtbar anders …
Ja –
auch mein Leben geht weiter.
Aber wie?
Ich weiß es doch nicht …

Ratschläge

Herr,
warum sagt mir bloß jeder,
was ich tun soll?
Woher wollen sie denn wissen,
was für mich richtig ist?
Wissen sie überhaupt,
wie es ist,
wenn man getötet hat?
Die Bilder immer wieder vor sich sieht
und sich mit Selbstvorwürfen quält?
Sie sagen zu mir
„Das wird schon wieder" –
aber das hilft mir doch nicht!
Jetzt geht es mir schlecht
und ich will darüber sprechen!
Ich will ihre Ratschläge nicht,
sie sollen mir nur zuhören!
Ist denn das so schwer?
Mich einfach nur erzählen lassen
und mir zuhören,
statt gleich mit einem klugen Ratschlag
zur Stelle zu sein?
Sie brauchen mir doch nicht raten,
was ich tun soll!
Das verlange ich doch nicht!
Ich möchte nur,
dass man mir zuhört,
wenn ich über meine Probleme sprechen will –
das genügt mir doch schon!

Der Störenfried

Herr,
ich bin lästig,
ich störe,
passe nicht in diese Welt,
wo wohl nur Spaß und Freude zählt.
Ich spüre doch,
wie sie darauf warten,
dass ich endlich wieder normal bin,
man wieder etwas mit mir anfangen kann.
Aber ich bin ja still
und in mich gekehrt.
Ich lache nicht mehr
und denke viel nach.
Aber ist das ein Wunder?
Nach allem,
was ich erlebt habe?
Ist das denn so schwer zu begreifen,
dass ich diesen Unfall
nicht so schnell wegstecken kann?
Es tut immer wieder weh,
wenn ich spüre,
dass ich einfach störe
und niemand mein Leid versteht.
Vielleicht ist das ja zu viel verlangt.
Aber dass sie es nicht einmal mehr versuchen –
das tut mir wirklich weh …

Unter Leuten

Ist es denn so schlimm,
wenn ich nur still in meiner Ecke sitze,
kaum rede
und nicht mit den anderen lache?
Ich bin ja froh,
dass ich Gesellschaft habe
und nicht allein bin.
Aber ich denke noch immer an meinen Unfall,
fühle mich schuldig,
traurig
und sehr allein.
Ich bin ja froh,
dass ich unter Menschen bin,
aber fröhlich sein
kann ich noch nicht –
lass sie es bitte verstehen.

Mein Weg

Herr,
ich glaube,
Du verstehst mich:
Ich suche doch nur nach einem Weg,
meinen Unfall zu verkraften
und es irgendwie ertragen zu können,
was mich nun quält.
Immer wieder sage ich mir:
Ganz egal,
was ich fühle und empfinde –
es ist so in Ordnung.
Und ganz egal,
was ich tue oder wie ich reagiere –
es ist so in Ordnung,
wenn es mir nur irgendwie hilft.
Es ist mein ganz persönlicher Weg,
damit zu leben,
was passiert ist.
Und ich ganz allein
muss spüren und erfahren,
was mir hilft.
Auch wenn es mühsam ist
und man mich oft nicht versteht –
ich ganz allein muss doch entscheiden,
was mir hilft und was für mich in Ordnung ist!

Resignation

Ach Gott,
ich erwarte nicht viel,
denn mein Leid ist so groß,
dass ich von glücklichen Stunden nur träumen kann.
Seit meinem Unfall
ist alles so anders
und das Leben scheint düster und grau.
Ich schleppe mich von Tag zu Tag
und weiß nicht so recht,
was ich eigentlich will.
Ich wäre ja schon froh,
wenn das quälende Grübeln mal enden würde
oder ich für einen Augenblick glauben könnte,
alles sei normal!

Neues Leid

Herr,
warum hat es mich wieder erwischt?
Ich hatte so gehofft,
ich hätte endlich Ruhe.
Ich hatte den letzten Unfall fast schon verkraftet,
konnte endlich mit ihm leben,
aber jetzt sind die alten Wunden wieder aufgerissen,
mit aller Gewalt kommt alles wieder hoch
und mein Leid erschlägt mich fast –
es ist,
als zöge mir jemand
den Boden unter den Füßen weg.
Es hat mich unendlich viel Kraft gekostet,
den letzten Unfall zu verkraften,
jetzt stehe ich wieder am Anfang
eines leidvollen Weges
und alles fängt wieder von vorne an.
Warum Herr,
hat es wieder mich getroffen?
Ist denn ein Unfall
nicht schon schlimm genug?
Herr,
wie werde ich es diesmal verkraften?
Warum muss ich denn wieder durch die Hölle gehen?

Beim Anzünden einer Kerze

Herr,
ich zünde diese Kerze an
als Zeichen meiner Hoffnung
auf Deine Hilfe
und Deinen Beistand.
So wie sie mit heller Flamme leuchtet,
so lass auch in mir
das Licht der Hoffnung nicht erlöschen.
So wie sie Wärme spendet,
so lass mich Wärme finden,
wenn mir innerlich kalt ist.
So wie ihr Licht leuchtet in der Dunkelheit,
so lass auch mich getröstet werden.
Herr,
sieh auf diese Kerze
und denk an mich,
der ich von Sorgen geplagt bin.

Morgengebet in schwerer Zeit

Oh Herr,
wieder liegt ein Tag vor mir –
ich weiß nicht,
was er mir bringt.
Das Aufstehen fällt mir schwer –
was heute wohl vor mir liegt?
Das tägliche Leben kostet viel Kraft –
jetzt nach meinem Unfall.
Ich bitte Dich:
Schenke mir auch heute
Kraft und Geduld,
Hoffnung und Zuversicht.
Lass mich auch heute nicht den Mut verlieren
und hilf mir,
den Tag gut zu überstehen!

Nur heute

Herr,
hier bin ich,
ich kann nicht mehr.
Gib mir nur heute die Kraft,
den Tag zu überstehen.
Bewahre mich nur heute davor,
an meiner Last zu zerbrechen.
Lass mich nur heute spüren,
dass Du mir beistehst und mich hältst.
Lass mich nur heute den Trost finden,
den ich brauche.
Herr,
lass mich den heutigen Tag überstehen –
an morgen kann ich noch nicht denken.

Nur für ein paar Stunden

Herr,
ich weiß:
Mein Leben wird nie wieder wie früher sein –
so, als wäre der Unfall nie geschehen.
Hilf mir,
das zu akzeptieren
und damit zu leben.
Schenke mir nur für ein paar Stunden
wieder ein bisschen Lebensfreude.
Hilf mir,
nur für ein paar Stunden
nicht an den Unfall denken zu müssen.
Hilf mir,
nur für ein paar Stunden
mich nicht schuldig zu fühlen.
Hilf mir,
nur manchmal
für eine Weile zu vergessen,
was geschehen ist.

Kleinigkeiten

Lieber Gott,
es ist nicht viel,
was ich erbitte.
Ich weiß ja selbst,
dass es nicht geht,
dass von heute auf morgen
alles wieder gut wird.
Ich will nur lernen,
damit zu leben,
was passiert ist.
Ich will meine Trauer und meinen Schmerz
einfach nur ertragen können.
Es genügt mir ja schon,
wenn ich den Mut nicht ganz verliere –
das sind nur Kleinigkeiten
und doch große Wünsche.

Bescheidene Wünsche

Lieber Gott,
mit meinen Wünschen komme ich zu Dir.
Es ist wirklich nicht viel,
was ich mir wünsche:
Lass mich nur darauf hoffen,
dass es mir irgendwann auch wieder besser geht.
Lass mich doch daran glauben,
dass auch wieder schöne Zeiten kommen.
Hilf mir,
mit mir selbst geduldiger zu sein
und diesen steinigen Weg zu gehen.
Hilf mir,
mich selbst trotz allem zu mögen,
auch wenn der Unfall mich so sehr verändert hat.

Ein ganz normales Leben

Ich wünsche mir nicht viel –
nur ein ganz normales Leben.
Ich möchte schlafen können,
ohne schreiend aufzuwachen.
Ich möchte die Augen schließen,
ohne die schrecklichen Bilder vor mir zu sehen.
Ich möchte ohne Angst zur Arbeit gehen,
beim Bremsen eines Zuges
nicht mehr zusammenzucken.
Ich möchte das Schöne wieder genießen können
und wieder einmal lachen können.
Ich möchte wieder zu mir selber finden
und mich nicht mehr schuldig fühlen.
Ich wünsche mir nicht viel –
nur ein ganz normales Leben …

Ringen nach Worten

Lieber Gott,
ich spüre,
dass es mir nicht gut geht.
Aber wenn man mich fragt,
was mir denn fehlt,
dann kann ich es nicht sagen.
Ich weiß es einfach nicht,
wie ich es beschreiben soll,
was mich bedrückt
und wie ich mich fühle.
Ich bin doch Lokführer
und es fällt mir eben schwer,
alles mit den richtigen Worten
auf den Punkt zu bringen.
Und dabei wünsche ich mir oft,
ich könnte es erklären,
was mit mir los ist
und was ich empfinde.
Ich bemühe mich so sehr,
die treffenden Worte zu finden
oder irgendwie zu vergleichen.
Und irgendwie klappt das nicht
und ist so schwer …
Ach Gott,
jetzt sitze ich hier
und ringe nach Worten,
um wenigstens Dir
mein ganzes Leid zu klagen.

Aber eigentlich
brauche ich Dir gar nichts zu sagen –
denn Du wirst schon wissen,
wie ich mich fühle.
Dann sitze ich eben da und schweige nur
und auch das tut mir gut!

Gebet eines verzagten Lokführers

Lieber Gott,
Du weißt,
wie schwer es mir fällt,
das tägliche Leben zu bewältigen.
Ich traue mich oft nicht,
meine Probleme anzupacken –
weil ich mich davor fürchte,
kläglich zu versagen.
Oft meine ich,
ich habe keine Kraft mehr,
und dann verlässt mich der Mut,
meinen Problemen ins Gesicht zu sehen
und sie endlich anzugehen.
Schenke mir doch ein bisschen mehr Selbstvertrauen
und lass mich doch nicht so mutlos sein!
Ich will doch nur,
dass es mir wieder ein bisschen besser geht –
lass mich doch endlich daran glauben,
dass ich es schaffen kann!

Meine Hoffnung

Herr,
mein Schicksal liegt in Deinen Händen.
Ich kann nur darauf hoffen,
dass Du Erbarmen mit mir hast.
Ich kann nur darauf hoffen,
dass Du mir verzeihst
und mir die Schuld vergibst.
Herr,
mein Leben liegt in Deinen Händen.
Ich kann nur darauf hoffen,
dass Du mir wieder Lebensmut schenkst.
Ich weiß nicht,
wie es weitergehen soll.
Ich kann nur darauf hoffen,
dass Du mich führst.
Herr,
in all meiner Not
liegt meine ganze Hoffnung auf Dir.
Ich kann Dich nur bitten:
Habe Mitleid mit mir
und hilf mir.

Gebet um Beistand

Lass mich doch nicht allein
mit meiner Trauer und meiner Verzweiflung.
Lass mich doch nicht allein
mit meinen Ängsten und meinen Sorgen.
Lass mich doch nicht allein,
denn ich weiß nicht,
wie ich es schaffen soll,
diesen Unfall zu verkraften.
Lass mich doch nicht allein
und lass mich Halt finden
in meiner großen Not.

Gebet um Selbstakzeptanz

Lieber Gott,
schenke mir Geduld mit mir selbst.
Hilf mir,
zu akzeptieren,
dass ich bin,
wie ich bin –
eben anders als früher.
Hilf Du mir,
mit mir selbst behutsam umzugehen –
damit meine Seele heilen kann.

Gebet um Frieden

Herr,
lass mich doch Frieden finden
für meine aufgewühlte Seele.
Lass mich doch Frieden finden
und heile mein verwundetes Herz.
Ich bitte Dich nicht um Geld und das große Glück,
ich bitte Dich nur:
Gib mir den inneren Frieden zurück!

Sehnsucht nach Frieden

Ich wünsche mir so sehr,
ich könnte endlich Frieden finden,
denn egal,
wo ich bin
und egal,
was ich tue –
stets muss ich an den Unfall denken.
Ich kann den schlimmen Bildern nicht entkommen –
bei Tag und bei Nacht quälen sie mich.
Ach Herr,
sieh doch,
wie verzweifelt ich bin –
ich flehe Dich an:
Lass mich doch endlich Frieden finden –
ich wünsche es mir so sehr!

Sehnsucht nach Leben

Ich will endlich wieder leben,
wie ein ganz normaler Mensch.
Ich will endlich wieder leben
ohne mich schuldig zu fühlen
und ohne bei Tag und bei Nacht
über meinen Unfall nachzugrübeln.
Ich will endlich wieder leben
ohne Angst vor meinen Träumen,
ohne Angst vor dem nächsten Unfall.
Ich will endlich wieder leben
wie ein ganz normaler Mensch.
Das ist doch nicht zu viel verlangt –
lass diesen Wunsch doch in Erfüllung gehen!

Endlich schlafen

Lass mich doch einfach schlafen –
die ganze Nacht,
wie jeden anderen auch.
Lass mich doch einfach schlafen,
ohne immer wieder aufzuwachen
und mich unruhig hin und her zu wälzen.
Lass mich doch einfach schlafen –
ganz ohne Albträume
und ohne schweißgebadet zu erwachen.
Seit dem Unfall finde ich keine Ruhe mehr
und wünsch mir doch so sehr –
endlich wieder eine Nacht durchzuschlafen.
Mein Gott!
Das muss doch möglich sein!

Was ich mir wünsche

Schenke mir nur ein bisschen Mut,
damit ich die Hoffnung nicht verliere.
Schenke mir nur ein bisschen Kraft,
um meine Last zu tragen.
Schenke mir nur ein bisschen Trost
für mein wundes Herz
und ein bisschen Frieden
für meine aufgewühlte Seele.
Lass mich nur ein bisschen spüren,
dass Du bei mir bist,
damit ich mich nicht mehr so alleine fühle.

Gebet um Selbstfindung

Herr,
hilf mir zu akzeptieren,
dass ich nicht mehr der Alte bin,
mich selber zu verstehen
und mich selber anzunehmen.
Ich kann es selbst nicht fassen,
dass ich mich so verändert habe,
dass dieser Unfall
mich so aus der Bahn geworfen hat.
Du weißt,
wie zerrissen ich mich fühle
und wie verwirrt ich bin.
Ich bitte Dich, mein Gott,
hilf mir,
wieder zu mir selbst zu finden.

Vertrauen in der Not

Herr,
hier bin ich
und lege meine Last vor Dir nieder.
Ich vertraue darauf,
dass Du mir hilfst
und mir beistehst
in meiner Not.
Meine Last ist schwer,
doch Du wirst mir helfen,
sie zu tragen.
Ich fühle mich schwach,
doch Du wirst mir Kraft schenken.
Ich fühle mich mutlos,
doch Du wirst mir Hoffnung schenken.
Mein Leid ist groß,
doch Du wirst mich trösten.
Ich weiß nicht mehr weiter,
doch Du wirst mir den Weg zeigen.
Ich fühle mich schuldig,
doch Du wirst mir vergeben.
Ich fühle mich einsam,
doch Du lässt mich Deine Nähe spüren.
Herr,
meine Not ist groß,
doch ich vertraue auf Dich!
Denn Du wirst mich segnen
und mir wieder Frieden schenken!

Gebet um Geleit

Oh Herr,
zeige mir den Weg,
wie es weitergehen soll.
Ich fühle mich wie gelähmt
nach allem,
was geschehen ist.
Meine Last drückt mich nieder,
wie kann ich sie tragen?
Nach meinem Unfall
ist nichts mehr wie früher,
mein Kummer ist groß
und meine Kraft nur sehr klein.
Ich hoffe auf Dich, mein Gott,
denn Du kannst mir helfen.
Zeige mir den Weg,
wie es weitergehen soll.

Stoßseufzer

Ach Gott,
oft fällt es mir schwer,
meine Gefühle zu kontrollieren.
Meine ganze Wut,
meine Trauer und mein Schmerz
brechen plötzlich aus mir raus.
Und dann tut es mir schon leid.
Was tue ich da nur meiner Familie an?
Sie können doch nichts dafür,
dass mein Leben so schwierig ist,
haben es doch schon schwer genug mit mir.
Ach Gott,
ich wünsche mir oft,
ich könnte mich besser beherrschen.
Meine Familie soll doch nicht darunter leiden,
dass mein Leben so schwierig geworden ist,
seit der Unfall passierte.
Sie nehmen so viel Rücksicht,
versuchen,
mir zu helfen
und mich zu verstehen.
Sie haben so viel Geduld mit mir –
doch wie lange halten sie es noch aus?
Verzeihen mir,
wenn ich ihnen Unrecht tue,
sie meine Wut spüren lassen,
oder sie wie so oft
mit meinen Schmerz belaste?

Ach Gott,
hilf mir doch,
dass ich mich wenigstens
ein bisschen mehr beherrschen kann.

Gebet in großer Not

Herr,
lass nicht zu,
dass mich jede Kraft verlässt
und die Verzweiflung überhand gewinnt.
Mein Leben liegt in Trümmern
und nur Du kannst mich retten.
Mir fehlen die Worte,
mein Leid zu beschreiben.
Ich fühle mich so hilflos –
was soll ich nur tun?
Mein Leid ist zu groß,
um es zu ertragen.
Ich flehe Dich an:
Stehe mir bei
und lass mich nicht zugrunde gehen.

Gebet um Vergebung

Herr,
wie soll ich damit leben?
Was habe ich nur getan?
Es ist alles meine Schuld –
wie soll ich das nur verkraften?
Herr,
habe Erbarmen mit mir
und lass mich nicht daran zerbrechen.
Vergib mir,
mein Gott,
hilf,
dass ich damit leben kann.

Gebet in Mutlosigkeit

Wenn ich doch nur glauben könnte,
dass es mir irgendwann wieder besser geht.
Wenn ich doch nur glauben könnte,
dass mein Leben wieder einigermaßen normal wird –
dann hätte ich ein bisschen mehr Mut,
etwas mehr Hoffnung
und etwas mehr Kraft,
diesen schwierigen Weg zu gehen.
Herr,
gib mir Geduld
und lass mich trotz allem nicht aufgeben,
ich will meinen Weg ja gehen,
aber trotzdem fällt es mir schwer.

Gespräch mit Gott

Schau mich doch an, Herr –
ich gebe mir die größte Mühe,
mein Leben wieder in den Griff zu kriegen.
Du weißt,
wie viel Kraft es mich kostet,
trotz aller Schwierigkeiten nicht aufzugeben,
und wenn mich der Mut verlässt,
richtest Du mich wieder auf.
Oft fühle ich mich sehr allein gelassen –
denn niemand versteht,
was ich durchmachen muss –
zu wissen,
dass Du auch dann bei mir bist,
das tröstet mich.
Schau mich doch an, Herr –
ich gebe mir so große Mühe,
mit dem Unfall fertigzuwerden –
lass es doch nicht vergeblich sein.

Ich brauche Zeit

Herr,
ich brauche Zeit,
um wieder zu mir selbst zu finden.
Ich brauche Zeit,
um meine Gedanken und Gefühle zu ordnen,
das Chaos in mir zu entwirren.
Ich brauche Zeit,
damit die tiefen Wunden meiner Seele
heilen können.
Man sagt ja,
Zeit heilt alle Wunden –
ich brauche noch viel Zeit,
um diesen Unfall zu verkraften.
Herr,
schenke mir Geduld
und lass mich nicht den Mut verlieren.

Gebet im Zorn

Darf ich das überhaupt –
Dir Vorwürfe machen?
Dich fragen,
wo Du warst,
als der Unfall geschah?
Was habe ich denn getan,
dass Du mich so bestrafst?
Oder hat alles einen Sinn
und ich begreife es bloß nicht?
Ich kann es nicht mehr ertragen –
die Selbstvorwürfe,
mit denen ich mich quäle.
Ach, ich weiß doch auch nicht,
was mit mir los –
kannst Du es mir nicht sagen?

Keine Wunder

Herr,
ich erwarte keine Wunder –
ich will es nur ertragen können,
wie ich jetzt leiden muss.
Ich erwarte keine Wunder –
ich will nur meinen Mut nicht ganz verlieren
und darauf hoffen können,
dass es mir auch wieder besser gehen wird.
Ich erwarte keine Wunder –
es tröstet mich ja schon,
zu wissen,
dass Du bei mir bist
und mich nicht alleine lässt!

Ehrliche Worte

Ach Herr,
ich wünsche mir,
ich könnte blind darauf vertrauen,
dass Du mir hilfst,
meine Gebete erhörst
und mir beistehst
in meinem Elend.
Ich würde es gerne spüren,
dass Du mir hilfst,
meine Last zu tragen,
und mich tröstest
in meiner Trauer
und meinem Schmerz.
Vielleicht bin ich nicht besonders gläubig –
aber ich habe doch nur Dich!

Gebet eines Zweiflers

Herr,
ich kann nicht mehr beten,
denn ich fühle mich so leer,
spüre Deine Nähe nicht mehr.
Ich zweifle daran,
dass Du mir helfen kannst –
so groß ist mein Leid!
Meine Hände sind gefaltet,
doch mein Herz ist nicht bei Dir,
ich versuche zu beten,
doch erscheint es mir sinnlos.
Herr,
ich kann nicht mehr beten,
ich glaube nicht mehr,
dass es hilft.
Und ich kann nur darauf hoffen,
dass Du trotz allem
auch jetzt bei mir bist …

Gebet für einen Kollegen

Herr,
Du weißt,
was mein Kollege durchmachen muss.
Gib ihm die Kraft,
die er braucht.
Lass ihn an seinem Schicksal nicht zerbrechen
und gib ihm immer wieder neuen Mut.
Lass ihn spüren,
dass Du bei ihm bist,
und lass auch mich zur Stelle sein,
wenn er mich braucht.
Gib mir Verständnis und Geduld mit ihm
und ein offenes Ohr für seine Probleme.

Mitgefühl

Ach Herr,
ich fühle mich so hilflos –
gibt es denn nichts,
was ich für den Kollegen tun kann?
Ich sehe doch,
wie er leidet,
und sein Schweigen macht mir Angst.
Er frisst alles in sich rein
und will nicht darüber reden,
dabei kann ich ihn doch gut verstehen,
habe ja alles selbst schon erlebt.
Gibt es denn nichts,
was ich für ihn tun kann,
um ihm zu helfen,
seinen Unfall zu verkraften?

Was soll ich dem Kollegen sagen?

Oh Herr,
wie soll ich meinen Kollegen nur trösten?
Ich kann ihm nicht sagen,
„Alles wird gut" –
das wäre gelogen.
Oder „Lass den Kopf nicht hängen" –
das wäre gemein.
Ich kann ihm nicht sagen,
„Alles wird wie früher" –
denn auch das stimmt ja nicht.
Ich kann ihm nur sagen,
„Ich verstehe dich" –
hoffentlich tröstet ihn das.

Wenn Worte fehlen

Herr,
hier sitzen wir
und schweigen.
Uns fehlen die Worte
für das,
was der Kollege wohl durchmacht.
Sein schrecklicher Unfall,
der macht uns betroffen.
Sein Leid und seinen Schmerz
können wir nur ahnen,
aber die passenden Worte –
die finden wir nicht.
Was sollen wir auch sagen?
Oh Herr,
wir können nichts tun,
nur beten:
Habe Erbarmen mit ihm!

Gedanken zur Dankbarkeit

Weißt Du, Gott,
man jammert so oft
über alles und jeden.
Und was schön ist
im Leben
sieht man oft nicht
oder nimmt es als selbstverständlich.
Aber man macht sich doch nur selbst
das Leben schwer,
wenn man immer nur das Schlechte sieht
und das Gute so wenig beachtet,
lieber schimpft,
statt auch mal dankbar zu sein.
Aber manchmal ist mir schon danach,
Dir auch mal Danke zu sagen.
Und irgendwie kann ich es auch nicht,
nur zu Dir kommen,
wenn ich Probleme habe,
und dann zu fordern,
dass Du mir hilfst.

Einfach nur Danke

Lieber Gott,
heute möchte ich einfach nur Danke sagen.
Danke dafür,
dass Du bei mir bist
und dass ich auf Dich vertrauen darf.
Ich möchte Danke sagen,
weil Du mir die Augen öffnest
für die kleinen Freuden des Alltags,
ein nettes Gespräch mit einem Kollegen,
eine unfallfreie Fahrt
oder ein gutes Essen in der Kantine.
Und danke dafür,
dass ich eigentlich immer recht gesund bin
und mich immer wieder freuen kann
über die Schönheit dieser Welt.
Ich kenne die Strecken schon alle,
doch jeder Tag ist anders.
Aber irgendetwas gibt es eigentlich immer,
wofür ich Dir danken kann.
Ja Gott,
eigentlich schade,
dass viele Menschen
es als selbstverständlich nehmen,
dass es ihnen gut geht,
und die kleinen Freuden des Alltags nicht sehen.
Dann bin ich manchmal froh,
dass es bei mir anders ist
und ich Dir immer wieder
aus vollem Herzen danken kann!

Immer wieder danke

Gütiger Gott,
danke dafür,
dass es mir gut geht.
Danke dafür,
dass ich Arbeit habe.
Danke dafür,
dass ich nette Kollegen habe.
Danke dafür,
dass Du mir beistehst.
Danke dafür,
dass Du mir Glauben schenkst.
Danke dafür,
dass ich beten kann.
Ach Gott,
es gibt ja so vieles,
wofür ich immer danken kann.
Ich kann nur immer wieder sagen:
Danke!

In guten Zeiten

Manchmal
denke ich daran,
wie oft Du mir schon geholfen hast,
wenn ich in Not war
und ich Dich gebraucht habe.
Dann warst Du für mich da
und hast mir beigestanden.
Ja Gott,
Du warst da
als ich Dich brauchte –
das will ich einfach nicht vergessen –
auch wenn es mir jetzt wieder gut geht.
Denn irgendwie
wäre es doch ziemlich undankbar,
Dich jetzt links liegen zu lassen
und erst wieder zu Dir zu kommen,
wenn ich dann wieder Hilfe brauche.
Nein Gott,
das hast Du wirklich nicht verdient,
dass ich nur bete,
wenn es mir schlecht geht.
Und in guten Zeiten
will ich dann nichts mehr von Dir wissen …
Ja, so denke ich eben ab und zu daran,
wie oft Du mir geholfen hast,
und sage einfach:
„Danke, lieber Gott!"

Ein kleines Dankgebet

Herr,
Du hast großes Unheil von mir abgewendet.
Ich danke Dir,
dass Du mir beigestanden
und diesen Unfall verhütet hast.
Ich dachte schon,
jetzt ist alles zu spät,
wenn Bremsen schon nicht mehr geht.
Der Schreck steckt mir noch in den Knochen,
ich kann es noch nicht glauben,
dass es diesmal gut gegangen ist.
Ach Herr,
glaub mir,
ich bin so froh,
dass Du mich in diesem Augenblick
beschützt
und mir beigestanden hast.
Herr,
ich danke Dir von ganzem Herzen.

Ein schöner Tag

Ich habe heute gut geschlafen
und das Frühstück hat mir geschmeckt.
Heute kann ich mich an schönen Dingen freuen
und muss nicht ständig an den Unfall denken.
Ich finde endlich Ruhe
und kann den Tag genießen,
ich fühle mich wohl
und endlich wieder normal.
Für andere ist das selbstverständlich,
aber für mich ein großes Geschenk.
Ich danke Dir, mein Gott,
für diesen schönen Tag.

Rückschau

Ein Jahr ist es jetzt her,
seit der Unfall geschehen ist.
Oft spüre ich,
wie tief meine Wunden noch sind,
wenn die Erinnerungen mich quälen,
ich so furchtbar schreckhaft bin
oder wieder unruhig schlafe.
Aber manchmal ist wieder alles fast normal
und der Unfall beschäftigt mich nicht ständig.
Dann kann ich auch mal wieder lachen
und wieder fast wie früher leben.
Zum Glück weiß ich jetzt,
was mir hilft
und guttut,
wenn ich fix und fertig bin.
Ja Herr,
ich schaue zurück
und stelle fest,
es ist für mich nicht leicht,
mit diesem Unfall zu leben.
Aber ich merke ja auch,
irgendwie geht es doch.

Von schwerer Last befreit

Danke Herr,
ich kann endlich wieder leben.
Ich habe den Unfall endlich verkraftet,
die Zeit des Leidens ist endlich vorbei.
Du hast die Last von mir genommen,
ich kann endlich wieder atmen,
fühle mich wie befreit.
Herr,
mein Leben geht weiter,
es ist wieder gut.
Ich kann wieder leben,
fast so wie früher.
Ich kann es kaum fassen,
es geht mir wieder gut,
kann Dir kaum sagen,
wie ich mich jetzt fühle,
ich kann Dir nur danken.

Danke

Ich danke Dir,
dass ich mit meinen Sorgen und Nöten
zu Dir kommen kann.
Ich danke Dir,
dass Du mich in meiner Not nicht allein lässt.
Ich danke Dir,
dass Du mich im Gebet Trost finden lässt.
Ich danke Dir,
dass Du mir die Kraft schenkst,
meine Last zu tragen.
Ich danke Dir,
dass Du mich nicht den Mut verlieren lässt.
Ich danke Dir,
dass Du bei mir bist,
mir hilfst
und mich nicht alleine lässt.

Große Dankbarkeit

Danke Gott,
jetzt geht es mir besser.
Ich fühle mich von einer großen Last befreit.
All meinen Kummer und meine Sorgen
darf ich auf Dich werfen –
ich habe es erfahren.
Du gibst mir Halt und Trost
in meiner großen Not –
jetzt weiß ich es gewiss.
Ich hatte so gehofft,
dass Du mir helfen wirst –
wie konnte ich nur zweifeln?
Ich habe es erfahren!

Augenblicke der Ruhe

Herr,
ich weiß,
Du kannst nicht alle meine Probleme lösen.
Aber Du kannst mir Frieden schenken
und mich wenigstens für einen Augenblick
vergessen lassen,
was mich bedrückt.
Herr,
diese Momente,
in denen Du mir Frieden schenkst,
mich zur Ruhe kommen lässt,
die tun mir unendlich gut.
Dann finde ich neue Kraft
für den schweren Weg,
der vor mir liegt,
denn Du, Herr,
stärkst mich.

Morgengebet

Herr,
ich danke Dir –
endlich habe ich ruhig geschlafen!
Ich danke Dir –
endlich habe ich keine Albträume gehabt!
Herr,
ich danke Dir –
endlich kann ich den Tag mit neuer Kraft beginnen!
Ich danke Dir,
dass ich so gut geschlafen habe –
denn ich habe mich lange danach gesehnt.

Neuanfang

Schritt für Schritt
finde ich zurück ins Leben.
Du begleitest mich
auf diesem Weg,
schenkst mir Geduld
mit mir selbst.
Schenkst mir die Kraft,
die ich brauche,
und lässt mich spüren,
dass Du bei mir bist.
Ich danke Dir,
dass es mir wieder besser geht.

Dankbarkeit

Herr,
ich bin so froh,
dass ich endlich verkraftet habe,
was geschehen ist.
Ich bin so dankbar,
dass der Schmerz nicht mehr so groß ist,
wenn ich an den Unfall denke.
Ich bin so froh,
dass ich endlich wieder fahren kann,
mein Leben wieder normal geworden ist.
Ich bin so dankbar,
dass die schwere Zeit vorbei ist,
in der ich darum kämpfen musste,
den Mut nicht zu verlieren.
Ich bin so dankbar, Herr,
dass Du mich in dieser Zeit nicht allein gelassen
und mir geholfen hast.
Ich habe es geschafft!
Ich danke Dir!

Grenzenlose Erleichterung

Lieber Gott,
ich bin einfach nur froh.
Froh und erleichtert,
denn ich spüre,
dass es mir von Tag zu Tag
leichter fällt,
mit den Folgen des Unfalls zu leben.
Ich spüre,
dass diese Last
so ganz allmählich
nicht mehr so drückend schwer ist.
Und ich merke,
dass die Wunden meiner Seele
langsam heilen.
Du glaubst ja nicht,
wie gut es mir tut,
zu merken,
dass es mir endlich wieder besser geht.
Es hat lange gedauert,
aber jetzt geht es mir besser.
Und ich bin einfach nur unheimlich froh,
froh und erleichtert!

Beistand in der Not

Ich habe am Boden gelegen –
Du hast mich aufgerichtet.
Ängste haben mich gequält –
Du hast mich getröstet.
Ich wurde allein gelassen –
Du hast mir beigestanden.
Ich war verzweifelt und mutlos –
Du hast mir Hoffnung geschenkt.
Ich fühlte mich schwach –
Du hast mir Kraft gegeben.
Ich wusste nicht mehr weiter –
Du hast mich geführt.
Ich fühlte mich schuldig –
Du hast mir vergeben.
Mein Leben war voll Finsternis –
Du hast es erhellt.
Du warst da, mein Gott,
in meiner größten Not.
Ich fürchte mich nicht mehr,
denn Du bist ja bei mir.

Großes Dankgebet

Herr,
meine Worte reichen nicht aus,
um Dir zu danken.
Du hast mir geholfen –
mehr, als ich je zu hoffen gewagt habe.
In meiner großen Not
hast Du mir beigestanden,
mich getröstet
und wieder aufgerichtet.
Du hast mir Frieden geschenkt
und Zuversicht,
hast alles zum Guten gewendet.
Herr,
Du hast meine Hoffnungen
weit übertroffen –
Meine Worte reichen nicht aus,
um Dir zu danken
für Deine Gnade,
die Du mir erwiesen hast,
für Deine Gnade,
mit der Du mich so reich beschenkt hast.

Ein Wunder

Herr,
ich kann es noch nicht fassen –
es ist nichts geschehen!
Ich habe schon gedacht,
jetzt ist alles zu spät,
jetzt hat es auch mich erwischt,
und mein Entsetzen war groß.
Doch Du hast ein Wunder vollbracht
und mein Zug ist rechtzeitig zum Stehen gekommen.
Herr,
ich kann es kaum glauben,
ein Wunder ist geschehen!
Es ist noch einmal gut gegangen!
Herr,
ich kann Dir nicht sagen,
wie dankbar ich Dir bin,
mir fehlen die Worte,
doch meine Dankbarkeit ist groß!

Mein persönliches Wunder

Herr,
manchmal kann ich es kaum glauben
wie sehr Du mir geholfen hast.
Ich habe eigentlich nicht viel erwartet,
doch Du hast mich reich beschenkt.
Du hast meine Seele geheilt,
die drückende Last von mir genommen.
Für mich ist das ein Wunder.
Ich kann es kaum glauben,
wie reich Du mich beschenkt hast –
jetzt geht es mir wieder besser.
Viel besser, als ich jemals zu hoffen gewagt habe.
Wie kann ich Dir nur danken?